Marina Vieth

Kerzenzeit

und

Lichterglanz

Marina Vieth

Kerzenzeit

und

Lichterglanz

Bibliografische Information der Deutschen Nationalbibliothek:
Die Deutsche Nationalbibliothek verzeichnet diese Publikation in
der Deutschen Nationalbibliografie; detaillierte bibliografische
Daten sind im Internet über http://dnb.dnb.de abrufbar.

Herstellung und Verlag:

BoD – Books on Demand, Norderstedt

ISBN: 9783749496129

Inhalt

I

Du bist überall

Hoch am Himmel,

sehe ich

in dem Wolkenmeer

einen Schimmel.

Ganz langsam,
verzehrt er sich

dann erkenne ich

da Dein Gesicht.

Du lächelst mir zu,

aus weiter Ferne,

wir waren so glücklich

hier in Herne.

Ich schließe meine Augen,

im Liegen

an unserem Fluss,

plötzlich

bist Du da

und gibt's mir einen Kuss.

Du bist anders als ich

Wie Feuer und Wasser
stell ich mir uns vor,
ein Leben in Lava
und um uns kein Tor.

Ich fürchte das Wasser
mit seiner Gewalt
das unser Verlangen
wie Echo verhallt

Doch Gegensätze
ziehen sich an,
so war es schon immer,
ich glaube daran.
Unsere Liebe wird halten,
solange wir leben.
Gelöscht und entfacht,
da immer ein Engel
über uns wacht.

Du liegst mir im Herzen

Du liegst wie ein Hammer
in meiner Kammer,
in meinem Herzen
und dabei spüre ich
keine Schmerzen.

Aus Eisen Stahl und Holz,
machst Du meine Seele stolz.

Meine Gefühle haben Dich
gebettet in meines Blutes Fluss.
Ich verschmelze mit Dir
durch einen zarten Kuss.

Wirbelnde Gedanken
um säuseln mein Gehirn,
ich möchte mit Dir tanzen
und nie mehr im Leben frier'n.

Du erfüllst mein Leben

mit Wärme und Glut.

Heiß soll es nun werden

und das tut mit gut.

Ein Blumenstrauß

Den schenke ich Dir gerne immer wieder

und singe dazu unsere Lieblingslieder.

Er soll Dir Freude bringen

und Dein Herz erweitern

dazu noch Dein Glück erheitern.

So viele Farben leuchten in Kristallfassetten,

mit bunten Blüten und Bätterketten.

Sie stehen nah zusammengedrängt,

manchmal werden sie auch aufgehängt,

dann bekommt man einen wunderschönen

Trockenstrauß,

der immer ziert Dein eigenes Haus.

Gedanken an Dich

Ich würde alles für Dich geben,

lege Dir mein Herz zu Füßen,

möchte immer mit Dir leben,

werde Dir Dein Leben sehr versüßen.

Meine Gedanken sind bei Dir,

deshalb sehe ich überall meinen Schatz,

halte Dich fest in meinen Händen hier,

in meinem Herzen hast Du sehr viel Platz.

Möchte immer bei Dir sein,

da gehe ich auf wie eine Rose.

Du bist so liebevoll und rein.

Ich gerne mit Dir liebkose.

Erfüllte Sehnsucht

Auf einer Wolke schweben
und neben der Sonne leben.

Nachts zwischen den Sternen
fliegen,
dass sind Menschen,
die nicht mehr im Grabe liegen.

Alle Lieben,
die schon fortgegangen,
zu denen kann ich dort gut
gelangen.

Nehme sie an meine Hand
und wir landen zusammen
in unser Heimatland.

Du bist fort

Mein Liebstes hat man mir genommen,
niemand hat dadurch gewonnen.
Trauer in meinem Herz,
wie ein tiefer Dunkler Schmerz.

Wie ein Kristall, so rein und klar
sind die Erinnerungen an Dich,
wunderbar.

Diese werde ich tragen, halte sie fest
und gebe sie weiter,
bis ich nicht mehr bin,
denn nur so hat das Leben für mich
einen Sinn.

Tränen bilden einen Fluss über meine Wangen,
meine Seele hält Dich bei mir gefangen.

Starr vor Ohnmacht, was Dir geschah,

ich kann es nicht fassen, was ich sah.

Wut und Zorn treiben mich in die Dunkelheit.

Ohne Dich, mein Liebstes,

denn Du bist in der Ewigkeit.

Du konntest mir nicht mehr von Deiner Reise erzählen,

Ich hoffe Du musstest Dich nicht quälen.

So aus dem Leben gerissen,

ich werde Dich immer vermissen.

Ich kann Dich nicht spüren,

geschlossen bleiben dafür die Türen.

Dein Lachen, dein Gesicht, deine Umarmung,

ich begreife es nicht.

Du hast mir immer so viel bedeutet,

jetzt bleibt nur die Glocke,

die für Dich läutet.

Ein dunkler Ton schallt über das Land,

keiner hat es kommen sehen,

niemand hat es erkannt.

Mögen Engel mit Dir weiterfliegen

und die Traurigkeit auf Erden besiegen.

Der süße Kuss

Ich bin Dir begegnet,

da hat es geregnet,

wir drückten uns in eine Ecke,

genau in meines Vaters Hecke.

Du gabst mir einen Kuss,

doch der war ohne Guss.

Er schmeckte nicht besonders lecker,

ich lief zu unserem Bäcker,

er kannte meine Sucht.

Ich kaufte ein Brötchen mit Mohrenkopf dazwischen

und damit konnte ich nach Hause zischen.

Das ist der allersüßeste Kuss,

solange ich noch sechzehn bin ist das ein Muss.

Hm lecker!

Bunt

Bunt ist meine Welt.

So schön glitzernd und hell.

Dazu brauche ich kein Geld.

Leider vergeht alles Schöne zu schnell.

Deshalb beeile ich mich

Um sie zu genießen.

Ich denke an Dich

Und später werde ich die Blumen gießen.

Sie schenken uns viele Farben,

da verschwinden

im Herzen alle Narben.

Blick auf den Herbst

Erntedank ist im Oktober
und das Heu kommt in den Schober.

Die Äpfel prasseln auf den Rasen,
auf dem die Kühe grasen.

Birnen, Vorsicht ! Auf dem Kopfe fallen,
manchmal hört man sie auch knallen.

Pilze schießen aus dem Boden,
Hüte, jetzt ganz in den Moden.

Stoppelfelder, gelb in Richtung Himmel
schauen
Kinder die im Sand noch bauen.

Blätter die von Bäumen segeln
jetzt müssen einige Tiere etwas regeln.

Weil der Winterschlaf steht vor der Tür,
was kann der schöne Herbst dafür ?

Der Wind

Eigentlich ein ruhiger Gesell,

doch plötzlich wird er laut und schnell.

Reißt Bäume aus der Erde

und erschüttert Menschenherde.

Regenschirme werden umgeknickt

und die Sonne

sofort weggeschickt.

Wie ein Orkan auf seine

Weise, weht er alles fort und geht auf weite Reise.

Doch ist das Schlimmste dann vorbei

fühlen wir uns frisch und frei.

Gedanken an die Welt

Einst bin ich in diese Welt geboren,
ich dachte ich habe hier nichts verloren.
Ein hartes Leben stand auf dem Plan
und um mich rum ein komplizierter
Familienklan.

Jeden Tag ein anderer Kampf,
ich muss ihn durchbrechen den heißen Dampf.

Alles und Jeder wendet sich von mir weg
als sei ich des Teufels Schreck.

Nur Streit, Armut, Kranke und viele Kriege,
als ob die Politik ist nur aus auf ihre Siege.

Heimatland, Vaterland
gibt es schon lange nicht mehr,
alles ist durcheinander, die Liebe muss her!
Doch wenn wir so weitermachen
haben wir nicht viel zu Lachen.

Jeder steht alleine da,

es wird wohl so bleiben und das finde ich

ist schon lange wahr.

Traurig diesen Schrei der Welt zu hören,

wo viele Menschen sich nicht dran stören.

Aber eines Tages bricht sie entzwei,

dann ist es zu spät

und wir stehen nur noch

dabei.

Einmal Erde und zurück

Eine weiße kleine Flocke
fiel vom Himmel,
setzte sich auf einen Schimmel.

Ihr wurde ganz warm ums Herz
und fühlte nur noch einen Schmerz.

Bevor sie ging da wieder Heim.
So muss es nun mal mit dem
Wasserkreislauf sein.

Der Himmelskörper

Der Mond,

er geht gleich unter
und ich bin noch Pudel munter.

Er scheint mir noch

frech ins Gesicht, ich denke,

anders kann er ja nicht.

Nun ich bin ja nicht dumm,
ich dreh mich einfach um.

Absturz

Wenn das Flugzeug
am Berg zerschellt,
ist sofort der Himmel
mit Engeln erhellt.

Sie reichen
ihren Schützlingen
die Hand
und tragen ihre Seele
in ein schöneres Land.

Keine Sorgen oder Schmerzen,
zurück bleiben die Lieben
in unsere Herzen.

Die Erinnerungen an Sie
tragen wir in unsere Gedanken,
solange ,bis wir selber einmal wanken.

Dann lassen auch wir uns führen

von den Engeln,

die einst und heute unsere Lieben

berühren.

Als Sterne funkeln wir zusammen

herab

und blinken auf unser Blumengrab.

Dort wo die Sterne leuchten

Frau Holle schüttelt ihre Betten aus
und warte auf den Nikolaus.
Sie haben nämlich noch etwas
zusammen vor.
Marschieren dafür dann zum Himmelstor.

Wenn die Himmelsglocken, tönen hell,
kommen die Wichtel ganz schnell.
Sie sollen die Kinder noch nach
Wünsche fragen und alles dann
zum Schlitten tragen.

Der Geschenkeweihnachtsschlitten
steht schon vor dem Tor
und Engel singen ein Weihnachtslied da vor.

Für den Schnee sorgt dann, Frau Holle
und der Nikolaus , der Olle.

Im Himmel da ist richtig was los,

es blitzt und glitzert grandios.

150 helle STERNE

Sie leuchten uns zu aus, der Ferne,

viele Menschen hatten sie gerne.

Ja, sie wurden alle geliebt

und ihre Seelen waren beliebt.

Viele sind betroffen und trauern,

fassungslos, sie das Unglück bedauern.

Eisige Kälte untermalt ihre Wut

alle die im Flieger saßen,

verloren waren sie in einer Glut.

Engel führten sie zum Paradies

am Himmel Sie man alleine ließ.

Denn dort oben leuchten Viele

nun sind es 15O neue Sterne

mit strahlender Liebe.

Ein Stern

Er leuchtet hell am frühen Morgen,

schnell verschwinden alle Sorgen.

Nichts kann schöner für die Seele sein,

als ein Herz voller Sonnenschein.

Ja, der Stern bringt mir ein Licht,

Ich vergesse dich nicht!

Der Winter naht

Kalt wird's jetzt in diesen Tagen
Und wir nach dem Winter fragen.

Vögel werden wir bald Futter geben,
sie uns dafür ihren Segen.

Bäume sind vom Laub befreit,
sie stehen in der Einsamkeit.

Menschen gehen auch nicht gerne raus,
bleiben lieber am Kamin zu Haus.

Sonne wärmt das Land von oben.
Das Klima hat sich leider sehr
verschoben.

Schnee in Sicht

Es ist so herrlich still,
der Schnee bestimmt, bald fallen will.

Die Luft erfrischt gar unsere Haut,
die Kühle ist uns sehr vertraut.

Über Pflanzen liegt zarter weißer Glitzer,
die Tannennadeln werden immer Spitzer.

Die Minusgrade sind in Sicht,
das ist im Winter Pflicht.

Freue mich schon wenn es schneit,
denn dann sind warme Herzen ganz vereint.

Die ersten Flocken

Als der Schnee kam über Nacht,
habe ich an Dich gedacht.

Gehe mit Dir dann ganz schnell raus
und lasse den Alten allein zu Haus.

Ich nehme Dich an meine Hand
als ich sei im Träumeland.

Ich bleibe steh'n am Hügel
und denke kurz ich hätte Flügel.

Du lädst mich ein, auf eine Reise
ich spreche nur noch ganz leise:

Bin froh um die Erinnerung,
als ich war da noch sehr jung.

Viele Kinder kommen her
und bauen einen Schneemann, bitte sehr!

Die weißen Bälle fliegen weit,

in der herrlichen Winterzeit.

Nun setz ich mich auf dich drauf,

bevor ich dann nach Hause lauf.

Mein Schlitten,

ich fahre mit Dir bis zum Feste,

das ist das aller Beste.

Die **Tür**

Lange bin ich hier schon eingemauert,

habe oft gesehen wie der Bauer

auf die Magd da lauert.

Der Wind fegt durch meine Ritzen,

oft sehe ich den Unterrock von der

Mägde hell blitzen.

Denn der Bauer hebt ihren Rock

und heraus kommt dann sein kleiner Bock.

Dieser Anblick hebt mich aus dem

Rahmen,

könnte glatt weg auch die Magd umarmen.

Aber meine Angeln halten mich so

fest,

ich darf einfach nicht in das Liebesnest.

Drum klappere ich, wie der Wind es will

und bin für immer lieber still.

Genieße dieses Bild,
bevor der Bauer mich noch killt.

Ich bin die Tür die nicht mehr schließt,
Hauptsache der Bauer die Magd genießt

Etwas Weiß gefällig ?

Spuren im Schnee,

eine zarte weiße Decke

aus Kristalle, über sämtliche Wege

und auf den Bretterstege.

Noch Niemand hinterließ seine Spuren,

gestern noch hier Boote fuhren.

Der Geruch von sauberer Luft

steigt mir in die Nase,

Es ist der Dezemberduft, den ich vermisste,

als ich stellte die Tannenzweige in die Vase.

Jetzt, im neuen Jahr

ist die weiße Pracht nun endlich da.

Genießt den Schnee, es tut nicht weh,

bevor da wieder wächst der Klee.

Weiße Decke

Sie fehlt ein wenig uns an diesen Tagen,

die Kinder sehr oft nach ihr fragen.

Der Tannenbaum eingewickelt in ihr zu sehen,

wäre echt ein Phänomen.

Mit einem glitzernden Weiß würde sie die Häuser mit
Mützen bedecken

und die Katzen könnten ihre Pfötchen lecken.

Doch um sie zu bilden,

müssten weiße Flocken fallen,

das würde uns sehr gefallen.

Ein Platz in der Sonne

Spaziere heute über den Friedhof,

Grabsteine schauen mich an,

allerhand fremde Namen fallen mir auf,

darunter auch mein Mädchenname

"Stauf"

Was war das wohl für ein Mensch?

Der hier beerdigt wurde?

Er war doch wohl geliebt?!

Weil es hier so viele Blumen gibt.

Auch Kerzen beleuchten seinen Namen,

es war mein Urgroßvater.

Ich wurde geboren durch seinen Samen.

Ich erinnere mich.

Ich war noch ziemlich klein

und schaute nicht in das Grab hinein.

Die Sonne stand über seinem Platz,

Urgroßvater war ein besonders lieber Schatz.

Auch wenn Gräber dort im Schatten stehen,

scheint die Sonne immer drauf, besonders auf

den Namen der "Familie Stauf".

Er ist da.....

Der lang ersehnte Schnee,

er rieselt gerade runter und

die Kinder werden munter.

Sie holen ihren Schlitten raus

und fahren den Berg hinunter

mit Gebraus.

Schlittschuhe werden angeschnallt

und die Klänge der Weihnacht sind

leise verhallt.

Wo vorher blühte der grüne Klee.

stampfen wir durch den glitzernden Schnee.

Atmen die kühle Luft nun ein

und gehen spazieren am wunderschönen Rhein.

Herrlich frische rote Wangen,

die Kleinen, gegenseitig Schneebälle fangen. Auch die
Schneemänner, ganz in weiß,

sind gebaut mit Händen und mit Eis.

Und wenn wir alle frieren ,

wir einen Kakao da kriegen,

von der Mutter eine Tasse,

das ist echt große Klasse.

Der Schnee wird ausgenutzt bis auf den Rasen,

wo im Frühjahr die Kühe wieder grasen.

Fürsorge

Ich werde Dich behüten,

am Tag und in der Nacht

bis mein Leben ist vollbracht.

Du bist so süß

und auch so klein,

du gehörst mir ganz allein.

Deine putzigen Hände

und auch Füße,

schenken meiner Seele,

reichlich Süße.

Ich schaue Dich an,

mit deinem Blick

erhasche ich mir einen

lieblichen Augenblick.

Zusammen fühlen wir uns

glücklich und zufrieden

und werden alles Böse gar besiegen.

Und wenn ich alt bin,

wirst Du Dich um mich sorgen

und dann gibt es einen anderen Morgen.

Die Hand

Die Hand
an meiner Wiege
war tröstend
für mich da.

Sie erinnerte mich
an Siege,
es war so wunderbar.

Bei jedem Schritt
hielt ich sie fest,
das war für mich
das Allerbest.

Auch wenn ich stolperte
in der Natur,
gab sie mir mit streicheln
ihre Ruhe.

Am Abend

hielt sie ein Buch

in der Hand,

davon Fotos,

sie hängen heute

an meiner Wand.

Tränen rollen über mein Gesicht.

Ich vermisse sie, denn sie

schenkte mir das Licht.

Beisammen

Geschmolzene Herzen,

aufgetaut vom Eis,

durch angezündete Kerzen,

unsere Gedanken wurden heiß.

Erleuchtet war unser Gesicht,

wir erkannten die Augen sofort

in dem hellen Kerzenlicht.

Die Seelen waren enthüllt an diesem Ort.

Es donnert und blitzt,

im Herz ein Getöse,

die Stirn hat geschwitzt.

Wir waren zueinander nicht mehr böse.

Blicke ertranken im hellen Schein.

Der Augapfel, weiß wie Schnee.

Wir wollten immer bei dem Anderen sein.

Wir legten uns hin, in den Klee.

Vorweihnachtszeit

Weihnachtsplätzchen schmecken lecker,
besser noch als von jedem Bäcker.

Weihnachtlich ist der Baum geschmückt,
Kinderaugen sind davon doch sehr entzückt.

Menschlichkeit macht sich breit,
alle hoffen, nicht nur zur Weihnachtszeit.

Herzen werden ganz weit offen,
alle Menschen auf bessere Zeiten hoffen.

Der Duft von Bratäpfel weitet sich aus,
es riecht schon lecker im ganzen Haus.

Viele Leute freuen sich zurzeit,
auf eine ruhige Weihnachtszeit.

Der Zauber der Magie

Eine bunte Welt steht uns bereit,
voller Wunder Träume weit und breit.

Nur noch Liebe saugen wir auf,
der Magie ihrer Seele, sie führte uns drauf.

Welch eine Wärme fließt durch unsere Venen,
wenn wir es zulassen werden wir uns immer nach ihr
sehnen.

Einzigartige Gestalten fliegen an uns vorbei
jeder gibt uns sein Bestes, was es auch sei.

Kristalle funkeln, wir spiegeln unser Leben,
es kommt aus dem Dunkeln.

Ich nehme deine Hand
und entführe dich in dieses bezaubernde Land.

Lass deine Gedanken baumeln am rauschenden Fluss

und gebe der magischen Welt einen Kuss.

Lasse es zu und werde wie sie,

dann kannst du ihn spüren, den Zauber der schönen Magie.

Wärmende Flamme

In diesen Tagen,

können wir sie besonders gut vertragen.

Das Kerzenlicht

bringt Wärme von Angesicht zu Angesicht.

Die Flamme am lodernden Feuer

bringt Herzen zusammen das ist gar nicht teuer.

Selbst ein Streichholz , wenn es brennt,

sich ein wärmendes Lichtlein nennt.

Wärme können wir alle geben,

wenn wir nur ZUSAMMEN leben.

Wünsche

Ein Engel steht am Himmelstor
und lässt alle Kinder vor.

Sie wollen, so wie ich da auch
zum Nikolaus, das ist so Brauch.

Alle geben ihm eine lange Liste,
das soll er alles mitbringen,
in seiner Kiste.

es sind viele schöne Sachen,
die allen Kindern Freude machen.

Auf meinem Zettel, steht nur ein Wort
Und das heißt Liebe, an jedem Ort.

Schokolade

Viel zu viel an diesen Tagen,

wir immer wieder an Schokolade nagen.

Überall liegt sie auf bunte Teller

und so greifen wir zu ihr, immer schneller.

Verschiedene Formen Stück für Stück,

essen wir sie nicht,

wird die Sehnsucht nach ihr doch verrückt.

Bunt eingepackt als Weihnachtsmann

oder auch als Kirchenglocke

egal wenn wir sie vernaschen gibt es

auf jeden Fall eine Schokipocke.

Weihnachtsplätzchen

Was duftet da so gut im Haus?

Das ist der Ofen, mit den

Plätzchen von Santa Claus.

Die Engel stehen in der Backstube,

Rollen und kneten den Teig

zum Glück nicht aus der Tube.

Stechen Plätzchen aus mit Förmchen.

Manchmal bekommt der Nikolaus,

vom Stress auch Hörnchen.

Harfen dazu klingen hell,

Knecht Ruprecht ist ein ruhiger Gesell.

Er sitzt mit seiner Rute

und schaut auf die Kekse mit der Lupe.

Rudolf kann es kaum erwarten

und spielt solange mit den anderen Rentiere Karten.

Zugern möchten sie probieren
um die Zutaten zu studieren.
Natürlich sind sie Leckermäuler
und futtern wie die Räuber.

Auch Frau Holle, hat es gerne,
riecht die gebackenen Plätzchen aus der Ferne.
Sie achtet sehr auf die Figur deshalb,
Kekse, ohne Zucker nur.

Der Weihnachtsmann, er muss viel essen.
Er darf den Bauch da, nie vergessen.
Denn Kinder, kennen ihn nur dick
und das ist bei ihm ja chic.

Die Himmelsbewohner sitzen
an den Wolkentischen
und lassen die heißen Kekse
auf ihren Zungen zischen.

Das ist wirklich ein schöner Advent

den hat niemand hier verpennt.

Zum Glück, dass man sich kennt

und die erste Kerze brennt.

Die rote Kerze

Die rote Kerze am Tannenbaum:

" Hört mal her ihr Kugeln,

dick und rund,

ist das denn so gesund?

Ihr hängt da einfach rum,

seid ihr denn nur noch dumm?

Alles spiegelt ihr wieder,

andere singen euch die Lieder.

Ihr glitzert in eurer Pracht,

gebt aber nicht auf euch selber acht.

Denn das müssen Menschen

für euch tun

und ihr seid immer nur am ruh'n.

Jetzt seid doch mal gescheiter

und denkt doch einmal weiter.

Ich sehe schon, ihr wollt es nicht

und macht lieber ein dummes
Gesicht.

Ich zeig euch mal wie es geht
das ihr im guten Lichte steht.

Mein Docht, der wird nun angezündet,
die Heilige Nacht wird jetzt verkündet.

Strahlend ist meine Flamme,
sie leuchtet für uns alle.

Nun seht ihr auch erträglich aus,
bis der Tannenbaum kommt aus
dem Haus.

Die rote Kerze denkt für sich:

Andere ändern kann ich nicht,
sondern nur ich mich.

Die Tanne

Dem Tannenbaum im hellen Licht,

erscheint ein kleines Engelsgesicht.

"Du bist so schön und elegant,

aber wo ist denn Dein Gewand?"

"Dieses brauch ich nicht,

siehst Du denn mein Kleidchen

nicht?

Die Menschen haben mich geschmückt,

darüber bin ich sehr entzückt."

"Und warum leuchtest Du überall?"

"Das sind die Kerzen,

sie bringen den Menschen Wärme

in ihre Herzen."

Kerzenzeit

Nun ist es wieder soweit,

wir zünden die Kerzen an

und kuscheln zu zweit.

Arm in Arm,

so versinken wir

es wird uns ganz warm.

Und unsere Kerzen

leuchten hier.

Sie scheinen uns

direkt ins Gesicht,

plötzlich sahen wir

einander nicht.

Aus Versehen zündeten

wir Räucherkerzen an

und so verschwanden wir dann.

Advent

Es ist wieder soweit,

am besten keine Einsamkeit,

ein Hauch von Liebe

und Zärtlichkeit,

hilft allen Herzen,

die litten unter Schmerzen.

Drum zündet eine Kerze an,

dass die Seele tanzen kann.

Lichter

Jetzt kommt wieder
die schöne Zeit,
da man mit Kerzen sitzt zu zweit.

Die Flammen
erleuchten strahlend unsere Augen,
wir können das Glitzern daraus saugen.

Der Schein erhellt unsere Seele
und das Herz, verschwunden ist dann
unser Schmerz.

Wir rücken zusammen,
schenken uns gegenseitig Zufriedenheit
und erschlagen somit unsere Einsamkeit.

Der Waldgeist

Der Waldgeist, dort im Walde lebt,
der immer stampft, das alles bebt.

Er trampelt alle Bäume um und
wirft die Steine Drumherum.

Die Tiere laufen vor ihm weg,
er ist sogar der Monsterschreck.

Kein Mensch hat ihn je gesehen,
man glaubt aber,
eines Tages wird es geschehen.

Also, wenn Du in den Waldgeist
treffen willst,
dann nehme den Himbeergeist
gleich mit, dann seit ihr wenigstens zu dritt.

Der sprunghafte Elch

Der Elch, der aus dem Himmel springt,

das ihm auch wirklich gut gelingt.

Wollte auf der Erde hören wie es klingt,

wenn er da im Stall mal singt.

Und das war noch nicht alles,

denn im Falle eines Falles,

steppt er mit den Hufen wie bei Dallas.

Denn da spielte er mal mit

und gab dem Bobby einen Tritt.

Vieles hat er dort gelernt,

auch den Stepptanz von dem Bernd.

Und wie er so tanzt ganz froh,

rief da jemand gleich:" Ho, Ho, Ho !

Sofort fiel der Elch ins Stroh.

Er musste wieder zu dem Stern,

denn der Weihnachtsmann hat ihn so gern.

Das Hexenhaus

Tief im Wald,

so ganz versteckt

liegt ein Haus,

das von Kindern einst entdeckt.

Zuckerguss und Lebkuchen

an der Wand,

das schmeckt den Kleinen

im ganzen Land.

Auf dem Dach ,

die Plätzchen kleben,

hier können Kids

was Schreckliches erleben.

Wenn Sie knabbern an dem Haus,

kommt eine Hexe da heraus.

Kinder, gebt gut acht,

denn wenn die Alte lacht,

habt ihr alles zu verlieren

und werdet dann erfrieren.

Elfen wollen helfen

war mir gar nicht so bekannt
und bin ins Elfenland gerannt.

Ich kam dort hinein,
mit einem hellen Lichterschein.

Zuerst, da konnte ich nichts
erkennen,
die Elfen ,
mir ihre Namen sofort nennen.

Es waren kleine zierliche Wesen,
mit Flügel da gewesen.

"Aurora, ist mein Name, „stellte
sich die Erste vor,
ich singe auch im Elfenchor.

Die Zweite zu mir spricht:
" ich arbeite im Elfengericht,

meinen Namen kannst Du mal erraten".

"Heißt Du vielleicht Braten?"
"Nein, ich bin Lissi,
nicht zu verwechseln mit der Sissi."

Die Dritte wurde Ilka da genannt,
und alle waren wir gespannt.

Ich sollte ihnen berichten,
was die Menschenkinder so verrichten.
"Nun, „sprach ich "Ihr lieben Feen,
das müsst ihr einmal selber seh'n.

"Ich nehme Euch mit in einer
leeren Flasche
und dann ab in meine Tasche."

"Und im Handumdrehen ,
könnt ihr alle Kinder sehen."
Kaum ausgesprochen,
sind alle durch den

Lichterstrahl gekrochen.

"Seid nun Willkommen
in dem bunten Zelt
der Kinder schönen Welt.

"Zuerst beginnen wir in Deinem
Zimmer,
Was spielst Du denn so immer?"

Aurora sah sich um,
"das finde ich aber dumm".
"Du hast ja nichts zum Kuscheln".
"Doch, da unterm Bett liegt Teddy
Puscheln ."

Blinki sprach: „Der Spiegel hier,
warum ist der so dunkel?"
"Das ist kein Spiegel, es ist
ein Bildschirm von der Firma
Karfunkel."
Lissi fragt: „Wozu brauchst Du

so etwas ?"

"Damit beschäftige ich mich

und das macht richtig Spaß."

Die Elfen sahen sich sprachlos an.

Hansi: "Na, dann mal alle ran,

ich zeige was ich kann."

Das PC Play fanden die Elfen

ziemlich krass

und hatten auf Hansi großen Brass.

Ganz verärgert über dieses Spiel,

wollten sie von Hansi nicht mehr viel.

Alle gingen sie ins Bett

und Morgen

sprechen sie darüber mit Hansi

ganz nett.

Lieber mit Freunden draußen spielen,

das ist was die Elfen wirklich lieben.

Haben wir nun alles?

"Steht der Baum?"

"Oje, der ist ja schief, ich glaub es kaum."

"Ist die Gans im Ofen"?

"Oje, die hat ja Pfoten".

"Ist die Lichterkette heil?"

"Oje sie sieht aus wie ein Seil."

"Sind die Geschenke eingepackt?"

"Oje, die trägt der Onkel noch im Sack."

"Haben wir Weihnachtskugeln und Lametta."

Oje, dadurch wirkt der Baum noch fetter".

"Sind die Batterien vom Fotoapparat

schon aufgeladen?"

"Oje, die haben wir letztes Jahr im

Schrank vergraben."

"Steht der Spaziergang fest?"

"Oje, da feiern wir das Weihnachtsfest."

"Na das wird die schönste heilige Nacht,

die wir jemals zusammen haben

verbracht."

In der Nacht

Sanft ist die Nacht,

ein Engel

an meinem Bettchen

wacht.

Er streichelt zart

da meine Haut,

dieses Gefühl,

ist mir sehr vertraut.

Auch deckt er mich

zart zu,

damit ich schlafe,

in voller Ruh.

Er hält das Böse

von mir fern,

das habe ich sehr gern.

Ganz beruhigt

kann ich mich fallen

lassen

denn Du

liebe Mama

bist ja da.

Ich kann's nicht fassen.

Auf dem Weihnachtsmarkt

Herrlich klingen leise Lieder,

durch schmale Gassen immer wieder.

Wunderbarer Mandelduft erfüllt

die Vorweihnachtliche Luft.

Lebkuchenherzen hängen an den Ständen,

Viele Menschen fassen sich an den Händen.

Kerzen flackern auf den Tischen,

so manch einer möchte ein schönes Teil erwischen.

Ob Schal, Mütze oder Engelsfigur,

alle wollen etwas zu Weihnachten, nur.

Der Glühwein aus den heißen Kesseln,

schmeckt, so mancher wird sich daran fesseln.

Kinderaugen leuchten hell wie Sterne,

der Weihnachtsmann ruft sie aus der Ferne.

Karussells drehen sich im Kreis,
allerdings kassieren sie dafür einen hohen Preis.

Nicht Jeder kann sich hier Vieles Leisten,
aber Freude, haben doch die Meisten.

Unter den Menschen knistert Liebe,
Ach, wenn es so doch ewig bliebe.

Ausbildung im Himmel

Das Christkind im Himmel

hat in ihrer Lehre,

eine große Engelskinderherde.

Sie laufen ganz in Gelb dort rum,

denn sie sind noch etwas dumm.

Für das weiße Gewand,

müssen sie noch lernen, allerhand.

Christkind holt das Fernrohr her,

"Damit könnt ihr die Menschen sehen,

bitte sehr."

"Einer nach dem Anderen,

schaut bitte da hinein

und ihr seht die Welt dort ziemlich klein.

"Beim genauen Hinschauen dann,

könnt ihr erkennen,

Menschen die sich arm, da nennen.

Das erste Engelskind schaut

nun hinunter.

"Ich seh nur alles bunter".

"Nein", sprach das Christkind,

" nicht auf das Zirkuszelt, da rechts

hinten, neben dem freien Feld,

da sitzt ein Mann, der hat kein Geld."

"Ja", freute sich das Engelskind.

"Jetzt ist er ganz klar zu sehen,

ich glaube, er kann gar nicht stehen,

Er hat keine Schuhe an

und friert so sehr, dass er nicht

laufen kann."

Ein anderes Kind nun spricht:

"Das ist gemein,

andere Menschen schlüpfen in ihre

Stiefel rein

und er wird krank, der alte Mann,

wenn er das nicht machen kann."

"Du hast Recht" lobte ihn das Christkind.

"Jetzt bitte das nächste Kind".

Der kleine Engel, brauchte eine Leiter,

damit sah er etwas weiter.

"Da sehe ich eine alte Frau, einen

Einkaufswagen schieben, wenn sie

So weitermacht bleibt sie noch liegen."

"Nun rutscht sie aus auf diesem Eis,

vielleicht hat sie was gebrochen,

wer weiß?!"

Ein anderes Engelskind meldete sich

sich da zu Wort:" Wir müssen es ändern, aber sofort!"

Das Christkind ist über soviel

Fürsorge der Kleinen begeistert.

" Diese Stunde habt ihr gut gemeistert."

"Jetzt macht Euch auf den Weg zur Erde,

damit es dort endlich Weihnachten

werde. "

"Schenkt Menschen, Liebe, Wärme,

Herzlichkeit, dann sind sie zum

Helfen auch bereit

und niemand muss mehr frieren

oder hungern und braucht auch

Nicht auf der Straße rumzulungern".

"Husch, husch, nehmt Euch an die Hand

und wenn ihr zurück seid,

verleihe ich Euch

das weiße Gewand."

Ausbildung im Himmel
Teil2

Christkind steht vor ihrer Gruppe,

es ist die Engelskindertruppe.

"Es kleidet Euch gut, das weiße Gewand,

darin wirkt ihr sehr elegant.

Heute geht ihr einen weiteren Schritt

und ich hoffe, ihr lernt alle fleißig mit."

Wieder steht das Fernrohr da,

durch diesem sehen die ganze

Engelskinderschar.

Ein Kind wendet seinen Blick zur Erde

und sieht dort unten zwei weiße Pferde.

" Sie traben über einen Hügel,

aber davon bekomme ich bestimmt

nicht meine Flügel."

"Nein, „sprach da das Christkind,

"so leicht bekommst du Deine Flügel nicht,

du musst erst finden, das Kind im Licht".

Der kleine Engel suchte lange,
da erblickte es eine Menschenschlange.
Sie alle, wollen zu dem Kind,
wo auch Maria und Josef sind.

"Es ist schön es anzusehen,
am liebsten möchte ich hier noch lange
stehen"
Das nächste Engelskind ist schon
ganz zappelig in seinen Beinen
und mußte bald schon weinen.

Das Christkind sagt zu ihm:
" Du kannst jetzt lernen,
Deine Geduld muss Deine Stärke
werden,
Tränen brauchen wir hier nicht,
sie stehen auch nicht Deinem Gesicht"

"Und nun lasst den Vierten ran,

der jetzt weiter sehen kann. "
Der vierte Engel sah es sofort
und sprach:" Da war ich schon mal,
an diesem Ort,

Dort bin ich mal vorbei geflogen
und sah einen wunderschönen Sternen-bogen".

Das nächste Engelskind da spricht,:
"Ich traue meinen Augen nicht.
Das Kind, in einer Krippe,
eingewickelt, nur in einem Tuch
und daneben liegt ja das heilige Buch".

Ein anderer kleiner Engel sah erstaunt
das Esel und Kuh daneben kaut.

Christkind setzt sich nieder
und singt den Kindern alte Lieder,
von dem Jesuskind
das nie aus unserem Herzen schwind.

"Jetzt aber runter mit Euch allen,

haltet Euch fest, sonst werdet ihr

noch fallen.

Seid allen ein helles Licht,

denn Weihnachten ist in Sicht."

"Und wenn ihr wieder hier oben seid,

hängt das weiße Gewand auf einen

Bügel

und ich verleihe Euch dann die Flügel. "

Ausbildung im Himmel 3

Christkind trifft sich heute, ist ja klar,

mit der Engelskinderschar.

Und spricht:" Heute ist wieder Euer

Unterricht.

Ich möchte, dass immer nur ein Engel spricht.

Es wird für alle eine lange Schicht,

denn ich werde Euch etwas erzählen

von dem heiligen Licht."

Licht ist wichtig, für Mensch und Tier,

auch für uns Engel hier.

Holt das Fernrohr ran,

das ich Euch was zeigen kann."

Christkind stellt es ein und fragt:"

Schaut da hinein, seht Ihr den hellen

Schein?"

Einer nach dem Anderen können es erkennen,

doch nur einer kann es richtig da benennen.

"Nun, sprach das Christkind, " es ist
ein Lagerfeuer, das da wärmt und ist nicht
teuer."

Viele Menschen arm und krank
befinden sich dort auf einer Bank.
Sie rücken zusammen, ganz klar,
das sieht auch die Engelskinderschar.

Da meldet sich ein kleiner Engel:
" Ach, Lagerfeuer ist auch Licht?
Das wusste ich bis heute nicht."

"ja, "antwortete das Christkind da sofort
"Es ist auch sehr gefährlich an diesem
Ort."

"Also gebt gut acht, was Ihr dort unten macht.
Vorsicht ist geboten, sonst wird es Euch
verboten."

Ein anderer Engel ist nun an der Reihe,
"ich sehe hier auf Erden nur Geweihe."

Christkind sprach:" Stell das Fernrohr
mal genauer ein, dann erkennst Du
das Jesulein".

Der kleine Engel, da sofort:" Ja, es ist
ganz hell um ihm herum und oben
hat er ein Lichterkringel um."

"Nein, mein Kind, keinen Kringel, es ist
der heilige Schein,
den Ihr auch bald tragen werdet Ihr Engelein."
"Gut, dann fliegt mal alle raus und kehrt
in jedes Haus. Ihr müsst die Menschen
dazu kriegen das sie unser Jesuskind auch lieben. "

"Wenn Ihr erledigt habt, da Eure Pflicht,
vergebe ich an Euch, das heilige Licht."

Ausbildung im Himmel 4

Christkind klatscht in ihre Hand
um zu treffen die Engelskinder im Gewand.

"Heute geht es um die Glocken,
diese sollen viele Menschen in die Kirchen locken."

"Seht mal durch das Fernrohr da,
ihr könnt es erkennen, richtig klar.
Dort seht ihr den Dom, von Mailand,
da in Rom."

Spricht das erste Engelskind.
"Ich da überhaupt nichts find".
Christkind räumte ein:"
Du musst schauen wo die Tauben sind".

Das Fernrohr wird leicht nach rechts
geschwenkt, das Engelskind sich fast
verrenkt.

" Achtung!" Ruft das Christkind laut,

"Pass auf das Dich der nächste Engel

da nicht haut."

"Nein, nein", sagt der kleine Engel,

"Ich pass auf

und wenn,.....dann .bekommt er von mir auch eine
drauf."

"Das Fangen wir erst gar nicht an,

ihr könnt Euch doch wohl benehmen,

man"!

Christkind etwas sauer, setzt sich hinter

den Engelskindern auf die Lauer.

"Bitte, weiter", leitet sie ein,

"Schließlich wollen wir irgendwann fertig sein".

"Oh, sagt der nächste Engel schlicht,

ich sehe keine Glocken, nicht."

"Was ist denn heute mit Euch bloß?

Macht so weiter, dann seit ihr Eure

Flügel und Gewänder wieder los."

Der Klassensprecherengel spricht:

"Jetzt ist aber gut,

wir wollen die Glocken nicht versäumen

und werden alle fünf Minuten träumen."

Danach geht's dann wieder weiter

und alle sind entspannt und heiter.

Viele Stunden vergehen und alle

Engelskinder haben die Glocken gesehen.

"So, nun ab mit Euch,mit viele

Lieder,

damit die Menschen gehen

in die Kirche wieder."

"Und wenn ihr kommt zurück, erhaltet

Ihr Euer Glockenglück."

Ausbildung im Himmel 5

"Wo sind die Engelskinderlein?
mit ihrem weißen Gewand, dem Glocken-
glück, den Flügeln und dem heiligen
Schein?" Fragt das Christkindelein.

"Kommt bitte alle zu mir herein, ihr
alle könnt heute bestehen, den
Führerschein."
"Er ist für das Fliegen gedacht, denn
Wunder werden von Euch ja noch nicht
vollbracht."

"Seht mal durch das Fernrohr,
da auf Wolke sieben."
"Ach!?" Sagt das erste Engelskind,
"Die muss man ja schieben."
"Nein, nein, diese lasst ihr bitte immer
links liegen."

Der zweite kleine Engel spricht: „Die

Wolken sammeln sich und liegen

tückisch im Verborgenen."

"Da macht euch keine Sorgen, ihr fliegt

einfach drum herum, sonst werden

Eure Flügel krumm."

Das nächste Engelskind sieht durch

das Lupenrohr und erzählt:" Ich habe

immer Angst zu Fliegen aus dem

Himmelstor."

Das Christkind, es beiseite nimmt

"Hast Du Dich denn nicht auf Weih-

nachten eingestimmt?"

"Das kann schon sein", der Engel leise

spricht,

"ich hatte doch die ganze Woche

Ärger mit dem Engelsgericht."

"Setz Dich hin und ruh Dich aus,

nächste Woche fliegst Du mit Santa Claus, der treibt Dir
die Angst schon raus."

Der letzte Engel nun da sagt:" Ich

habe es noch nie durch einen Tunnel
gewagt."
Christkind beruhigt die Kleine,
"Wenn Du nicht fliegen kannst,
dann hast Du ja noch Deine Beine".

"So ist es mit dem Führerschein,
manches ist zu eng, für unsere Flügel
und zu klein,
dann fliegt ihr einfach
in die Wolken rein
, sie werden Euch
tragen und dort hinbringen
wo viele Menschen Lieder singen."

"Erledigt Euer Anliegen, kommt zurück,
schleicht zu mir rein und ich verleihe
Euch den Engelflugführerschein."

Die Zauberküche

Viele Schränke stehen auf,

das ist hier so der Brauch.

Tassen, Teller

unterhalten sich,

ein Gequatsche,

fürchterlich.

Doch kommt ein Fremder

da herein,

schweigen sie alle

wie die Engelein.

Stellt man einen Topf

mit Milch zum Kochen,

haben sich die Knöpfe vom Herd

gleich ganz verkrochen.

Es fliegen Kochlöffel

und Schneebesen raus,

ach Du Schreck,
im Topf ne Maus.

Oh Gott, jetzt schwimmt sie
in der Milch,
da springt aus dem Backofen
ein kleiner Knilch.

Ich kann die Maus
leider nicht entfernen,
da ihre Kinder darin gerade
Schwimmen lernen. Der Knilch,
er schubst die Tassen dann
und alle fangen zu Quatschen an.

Ich setz mich hin,
auf meinem Hocker
und sehe das Geschehen
nun ganz locker.

Beobachte

Topf, Tassen, Knilch und Teller,

alle springen rum

und werden immer schneller.

Ein Wirbelsturm,

mit Küchenhelden.

Ich werde es der Feuerwehr

nicht melden.

Plötzlich steht vor mir,

ein tolles Frühstück hier.

Müsli, Jogurt, Kakao, Brot und Orangensaft,

das bringt mir Mut und ganz viel Kraft.

Frisch und fit verlasse ich die Küche

und gehe zu meiner Schicht

da ist die Küche dicht.

Doch kommt ein Anderer da herein,

steht alles auf seinem Platz, ganz still und fein.

So wird es ja bei euch auch sein.

Wann ist es soweit?

Der Winter, der ist lausig alt,
die Schneeflocken machen ihn
ganz kalt.
Der Wind bläst eisig da im Wald.
Der Uhu leise hallt.

Die Tannenbäume stehen voll im Grün,
sie werden niemals da verblühn.
Schön sein, werden sie zum Feste
und das ist für sie das Allerbeste.

Tiere und auch Menschen
rücken nun ganz dicht
und machen mit den Kerzen Licht.
Mehr verraten sie noch nicht,
denn das ist bis Weihnachten Pflicht.

Geheimnisse kreisen rum
das finden Kinder ja ganz dumm.

Sie fragen immer:" Und Warum?"

Und sie hören nur eine Antwort,

nämlich" Darum".

Sie müssen nun warten,

auf den schönsten Tag im Jahr,

dieser ist recht wunderbar.

Er wird gefeiert mit der Engelschar,

Und diese haben goldenes Haar.

Beisammen

Geschmolzene Herzen,

aufgetaut vom Eis,

durch angezündete Kerzen,

unsere Gedanken

wurden heiß.

Erleuchtet war unser Gesicht,

wir erkannten die Augen sofort

in dem hellen Kerzenlicht.

Die Seelen waren enthüllt,

an diesem Ort.

Es donnert und blitzt,

im Herz ein Getöse,

die Stirn hat geschwitzt.

Wir waren zueinander nicht mehr

böse.

Blicke ertranken im hellen Schein.

Der Augapfel, weiß wie Schnee.

Wir wollten immer

bei dem Anderen sein.

Wir legten uns hin, in den Klee.

Bald ist es soweit

Die Rentiere machen sich bereit,

für die schöne Weihnachtszeit.

Auch wenn es noch nicht schneit

Rudolf mit der Nase scheint.

Er freut sich auf den Winter

und die Herzen aller Kinder.

Der Tannenbaum

Der Tannenbaum im Walde spricht:"
Ich möchte einmal gerne
im Wohnzimmer stehen
und ganz viele Kinder sehen.

Glänzend werde ich geschmückt,
Alle sind dann ganz entzückt.

Mit den vielen Kerzen,
leuchte ich in alle Herzen.

Das sich freut die große Welt
Und ich bin dann, der Held."

Der kleine Engel

Ein Engel aus dem Winterland,
Schutz in einem Wald da fand.
Es stürmte und es schneite sehr,
der Engel fand den Weg nicht mehr.

Sein Näschen war ganz kalt gefroren,
Die Handschuhe hat es gar verloren.
Um ihn machte sich niemand großen Sorgen.

Seine Wangen, ganz schön rot,
irgendwie verpasste es das Morgenrot.

Es traf ihn eine weise Eule,
sie sagte:" Ich hörte Dein Geheule".

"Ja, jammerte der Engel: „Hier hab
ich auch ne' Beule,...
Da am Kopf, so dick wie eine Gänsekeule."

"Ich bin da vor dem Baum geprallt

und dachte, ich werde nicht mehr alt.

Sogar der Schnee fiel da herab,

auf meine Schühchen, trab, trab, trab."

Die Eule schaute ihn mit großen

Augen an

" Und ich dachte Du bist der Weihnachtsmann, mit dem man hier

ja wohl rechnen kann."

Der Engel sah die Eule an, diese

Erkannte, dass er schielte." Ja dann"!

Ist es auch kein Wunder wenn man

nicht gerade fliegen kann."

"Ich habe da eine Idee,

Du nimmst eine Feder von mir,

ohne Schnee, und legst sie Dir auf

Dein Weh ,Weh."

Diesen Rat nahm der Engel sofort an

und machte sich an die Feder

der Eule ran.

Da gab es keine Schmerzen,

denn das Geschenk kam ja von Herzen.

Zur gleichen Zeit, stieg der Weihnachtsmann hoch in die Lüfte, mit ganz besondere Düfte.

Nach einem kurzen Flug,

schien Rudolphs Licht, genau auf das

kleines Engelsgesicht.

Der Weihnachtsmann machte in dem

Wald nun eine Pause und flog den

Engel dann nach Hause.

Zum Glück hat er ja noch viel Zeit

bis zur schönen Weihnachtszeit.

Der kleine Engel
Teil 2

Der kleine Engel saß auf seinem Bett

und weinte, ganz heimlich für sich

und auch ganz leise.

Da kam die junge weiße Katze

und schubste ihn an ,mit ihrer Tatze.

"Was ist los mit Dir? Du süßer Fratz,

mach mal auf Deinem Bett mir Platz."

Da rückte Fridolin, der kleine Engel,

etwas auf in seine Kissen

und die Katze

Tapsy, wollte von ihm ganz viel wissen.

Fridolin erzählte ihr die Geschichte mit dem Flug zur
Erde, dem Aufprall gegen

den Baum und von dem Geheule,

wo zur Hilfe kam die Eule.

Tapsy sagte: „Ja, das war doch gut,

hast bewiesen, ganz viel Mut und
Hilfe kam so dann. Mit dem Schlitten
der Weihnachtsmann.

Fridolin aber jammerte:
"Ich habe Angst, dass es nochmal passiert,
habe das Fliegen nicht richtig kapiert."

Tapsy tröstete ihn:" Mache Dir mal
keine Sorgen und versuche es erneut mal
morgen
.Ich helfe Dir dabei
und dann
klappt es wie Zauberei.

Nun schlaf schön ein, keiner ist von uns
allein und ich lege mich zu Deinen
Füßen rein."

Der Abflug vom Stern

Die Rentiere sind ganz stolz,
sie stehen vor dem Weihnachtsschlitten
aus hellem Holz.

Der Weihnachtsmann zieht seinen Mantel an
und setzt sich auf den Schlitten dann.

Die Wichtel haben den Schlitten vollgepackt,
mit vielen Päckchen,
es fehlt nur noch das Zaubersäckchen.

Da fliegt die Fee mit ihrem schnell rotierenden Flügel
und holt es.
Das Ding hing noch auf dem Bügel.

Frau Weihnachtsmann packt noch schnell
die Plätzchen ein,
denn der Weihnachtsmann
wird auf dem
Himmelsschlittenflug wohl hungrig sein.

Rudolf knipst nun seine Nase ein
mit seinem super hellen Schein.
Alle Rentier ,Achtung dann,
wollen sofort fertig sein.

Es geht los,
der große Schlitten fliegt vorbei am Mond,
doch was ist denn bloß?

Alles wackelt hin und her,
die Geschenke fallen runter,
der Schlitten, der ist leer.
Die Fee kommt da ganz munter
und bringt die Geschenke wieder
auf dem Schlitten unter.

Da ist der Weihnachtsmann aber froh
und kann da sagen:" Ho, Ho, Ho!

Weiter geht die Reise,

zu den geschmückten Tannenbäumen,

ganz still und leise.

solange noch die Kinder Träumen.

Jetzt ist es soweit,

die Bescherung wird bekannt,

alles steht bereit.

Das Christkind, läutet mit dem

Glöckchen in der Hand.

Schwer beladen

Wanda kam mit einem

Einkaufswagen,

denn sie konnte

ihren Hausstand

nun mal nicht tragen.

Viel hatte sie leider nicht,

schob deshalb,

vor sich her,

ein kleines Gewicht.

Einige leere Flaschen

rappelten am Gitter,

hörte sich an,

wie die Rüstung

von einem Ritter.

Ein paar alte Schuhe

hatte sie geladen,

diese passten gerade noch

in ihren Wagen.

Ziemlicher Berg

ihr Hab und Gut.

So eine Karre zu schieben,

dazu gehört echt Mut.

Eine Fahrradklingel

ist auch fest daran,

damit sie sich

Platz schaffen kann.

Bis zum Ziel,

ist es nicht weit.

Der Weg zum Flohmarkt

wird nun breit.

Auf dem Platz,

schon viele Leute wimmeln.

Klingeln heftig mit den

Bimmeln.

Wanda verkauft

all ihre Sachen.

Da kann sie wieder lachen.

Nun zieht sie um,

zu ihrem Schatz,

denn da, ist für sie

jetzt richtig PLATZ.

Nick

Bleibt der Nikolaus im Kamin

mal stecken, müssen ihn die Kinder

Strecken.

Und passt er nicht in den Kamin,

muss er leider mit den Geschenken

weiterziehe'n.

Das rote Näschen

Dunkel die Nacht,

so eisig kalt,

Sternenstaub zieht durch den Wald.

Es glitzert der Schnee, ganz zart die Flocken,

die Engel

mit ihren roten Näschen locken.

Kinder ,

schon lange träumen,

von den Rentieren die mit dem

Weihnachtsmann

kein Weihnachten versäumen.

Die Stille,

die wir alle lieben,

wird auch von Ruprecht

nicht vertrieben.

Eisblumen vor dem Fenster,

sehen zart und schmelzend aus,

Schneeflocken, fallen leicht und locker

wie Puderzucker von dem Hocker.

Die Plätzchen schon bunt

verziert und schmecken

lecker,

besser als von unserem Bäcker.

Wenn wir dann alle wach geworden,

freuen wir uns über den

winterlichen Weihnachtsmorgen.

Der Nikolaus

Der Nikolaus kommt angeflogen,
das ist nicht gelogen.

Mit seinem großen Schlitten
kommt er schnell ins Flitzen

Vornan, sein stolzes Rentier
Namens Blitzen

Und Rudolf mit dem Nasenlicht,
bremst ganz plötzlich fürchterlich

Er möchte gerne vorne sein,
mit seinem super hellen Schein.

Dies sah Nikolaus sofort auch ein
und tauschte Blitzen gegen Rudolf
ein.

Alles war erst fürchterlich,

doch dann war alles wunderlich.

Drum siehst Du jetzt am Himmel,

fern,

einen ganz besonders schönen

Stern.

Stille Welt

Die Landschaft liegt in Schnee
und Eis, alles glänzt und glitzert weiß.

Der Mond scheint auf die eisigen
Flocken
und die Sternschnuppen locken.

Tannen, durch den Schnee zusammenrücken,
versuchen sich ganz fest zu drücken.

Kühler Wind, weht durch die Gassen,
die Schneemänner wachsen da in Massen.

Häuser sehen mit ihren weißen
Mützen ,edel aus,
so mancher erkennt sein eigenes
Heim nicht raus.

Weihnachtslieder, erklingen leise,

bald geht der Weihnachtsschlitten

auf die Reise.

Kurz vor der Bescherung

Ich schleiche durch meinem Zimmer,
denn das mache ich Weihnachten immer,
auf meinen Socken
und draußen fallen dicke Flocken.

Ich gehe zu meinem Fenster,
staune, alles weiß,
hinterm Baum, zwei Gespenster?
So langsam kommt mir hoch der Schweiß.

Ich schaue genauer hin,
sehe einen Engel mit dem Christkind,
da hängt runter gleich mein Kinn,
weil ich das recht geheimnisvoll find.

Lege mich ganz schnell wieder hin,
die Decke über meinem Kopf,
weil ich ja artig bin
und heraus hängt noch mein Zopf.

Mein Kater damit spielt,
ich aufgeregt und sehr gespannt,
er hat nichts kapiert,
habe ihn sofort verbannt.

Drücke meine Augen zu,
das ich nichts mehr sehe,
Christkind wieder weg im Nu,
ich mich nach ihm sehne.

Lässt viele Geschenke hier,
freue mich drauf.
Sei immer lieb, das rate ich dir
und reiß dann viele Pakete auf.

Wir feiern nun Jesus Geburt,
bunte Teller stehen bereit
und mein Magen knurrt
heute in der Herrlichkeit.

Weihnachten, ein Fest der Liebe,

alle da zusammen sind.

Mein Bruder schaukelt die Wiege.

da freut sich auch das Jesuskind.

Stille Nacht

Einst erlebten die Hirten auf dem Feld,

einen Zauberstern am Himmelszelt,

sie dachten es sei ein Komet,

sie waren ganz verdreht.

Eine stille Nacht gab sich zu erkennen

und sie fingen an zu rennen.

Über Wiesen und auch Felder und in der

Tasche ,

als Geschenk, ein Feuermelder.

Angekommen im dem Stall,

trafen sie auf einem Ball.

Sie schossen ihn soweit es ging,

denn er gehörte nicht zu diesem King.

Der Feuermelder, der kam gut

denn unter Josephs Hut da brannte Wut.

Er fing sofort zu piepsen an

und alle waren still sodann.

Engel flogen über einem süßen Kind,

neben ihm stand noch ein Rind.

Die Mutter war von allem so begeistert

und haben die Münder zugekleistert.

So wurde aus dem Oh wie Lacht

doch noch eine stille Nacht.

Stille Nacht 2

Es ist vollbracht,

sie ist da, die stille Nacht.

Der große Engel

über dem Stalle wacht.

Die kleinen Engelskinder

schweben oben,

sie sollen das Kind

in der Krippe loben.

Jesus ist uns heut geboren,

in einem Stall,

fast ganz verloren.

Das Kind,in einem

Leinentuch gewickelt,

den Tieren es im Bauche

prickelt.

Die Sterne leuchten

hell, wie fast der Tag.

Die Schafe blitzen

mit ihrem weißem Fell,

Maria das gerne mag.

Hirten, Könige,

alle die ihn sehen,

den Stern von Bethlehem,

die bleiben stehen.

Versammeln sich

an diesem Ort.

Menschen singen Lieder,

von dem kleinen Lord.

Und das alle Jahre wieder.

Frohe Weihnachten Euch allen

wünscht Marina